청동기시대를 간직한 바위무덤

처음부터 제대로 배우는 한국사 그림책 16

청동기 시대를 간직한 바위 무덤_고인돌이 들려주는 청동기 시대 이야기

초판 1쇄 발행 2019년 3월 26일
초판 4쇄 발행 2022년 12월 1일

글 강효미
그림 이경국

펴낸곳 도서출판 개암나무(주)
펴낸이 김보경
경영관리 총괄 김수현   **경영관리** 배정은
편집 조원선 오누리   **디자인** 김효정   **마케팅** 강혜수 박진호
출판등록 2006년 6월 16일   제22-2944호

주소 서울특별시 용산구 한남대로40길 19, 4층(한남동, JD빌딩) (우)04417
전화 (02)6254-0601, 6207-0603   **팩스** (02)6254-0602   **E-mail** gaeam@gaeamnamu.co.kr
개암나무 블로그 http://blog.naver.com/gaeamnamu   **개암나무 카페** http://cafe.naver.com/gaeam

ⓒ 강효미, 이경국, 2019
이 책의 저작권은 저자에게 있습니다. 저자와 출판사의 허락 없이 내용의 일부를 인용하거나 발췌하는 것을 금합니다.

ISBN 978-89-6830-507-8 74900
ISBN 978-89-6830-122-3(세트)

이 도서의 국립중앙도서관 출판시도서목록(CIP)은 서지정보유통지원시스템 홈페이지(http://seoji.nl.go.kr)와
국가자료공동목록시스템(http://www.nl.go.kr/kolisnet)에서 이용하실 수 있습니다.
(CIP제어번호: CIP2019008187)

품명 아동 도서 | **제조년월** 2022년 12월 1일 | **사용연령** 10세 이상
제조자명 개암나무(주) | **제조국명** 대한민국 | **전화번호** 02-6254-0601
주소 서울특별시 용산구 한남대로40길 19, 4층(한남동, JD빌딩)

고인돌이 들려주는 청동기 시대 이야기

청동기 시대를 간직한 바위 무덤

강효미 글 이경국 그림

개암나무

청동기 시대 사람들은 고인돌이라는 거대한 무덤을 만들었어요. 고인돌은 전 세계에 6만여 개가 흩어져 있는데, 그중 4만여 개가 우리나라에 있답니다.

고창, 화순, 강화는 대표적인 고인돌 유적지예요. 고인돌의 보존 상태가 매우 뛰어나고, 다양한 모양의 고인돌이 한곳에 밀집해 있지요. 또한, 화순에는 고인돌 채석장이 있어서 돌을 캐고 운반했던 과정을 그려 볼 수 있어요. 고창, 화순, 강화 고인돌 유적은 세계적으로 그 가치를 인정받아 2000년 유네스코 세계문화유산에 등재되었어요.

찬바람이 잦아들더니 어느새 봄기운이 잔디밭을 뒤덮었어.

따스한 아침, 나는 시끄러운 소리에 잠을 깼단다.

아이들이 봄 소풍을 온 모양이야.

내가 있는 여기, 강화 고인돌 유적지로 말이야.

이곳에는 100개가 넘는 고인돌들이

고려산 기슭을 따라 늘어서 있어.

나는 그중에서도 가장 넓은 자리를 차지하고 있는
강화 부근리 지석묘˚란다.
아이들이 내 앞으로 우르르 몰려왔어.
다들 나를 보며 재잘거리는데,
한 아이만 멀찍이 떨어져 있네.
입을 꾹 다물고, 눈을 끔뻑이는 모습이
왠지 심드렁해 보였어.

강화 부근리 지석묘 인천 강화군 하점면 부근리에 있는 고인돌 유적.

나는 그 아이에게 말을 걸었어.
"얘야!"
아이는 내 목소리에 눈이 휘둥그레졌어.
"깜짝이야! 돌덩어리가 말을 하네?"
"돌덩어리라니! 나는 네 할아버지의 할아버지의
할아버지의 할아버지의 할아버지의 할아버지보다 나이가 많다.
그리고 내게는 고인돌이라는 멋진 이름이 있거늘."

"고인돌이라고? 참, 여기가 고인돌 유적지이지……."
"그건 그렇고, 너는 왜 친구들과 어울리지 않고 혼자 멀찍이 떨어져 있는 게냐?"
"아이들이랑 노는 건 시시하니까……."
말은 그렇게 했지만, 아이는 어딘지 모르게 외로워 보였어.

"가만…… 그러고 보니 너, 내 친구 석검이를 꼭 빼닮았구나?"
과연 그랬어. 아이는 석검이의 어린 시절 모습을 빼다 박은 듯했지.
"친구? 돌덩어리한테 친구가 있다고?"
"예끼, 이 녀석아! 자꾸 돌덩어리라고 부를 테냐?"
더럭 화가 치밀었지만 녀석을 보고 있자니,
옛날 석검이와 함께 했던 때가 떠올라 삐죽 웃음이 나왔어.
"나와 닮았다는 그 친구는 어떤 사람이었어?"
"좋다, 마침 잠도 깼으니 석검이에 대해 들려주마."

해가 지고 까만 하늘에 은하수가 펼쳐질 때면,
석검이는 뒷산에서 가장 큰 바윗돌인 내 위에 눕곤 했어.
어느 날, 석검이가 웅이네 움막 안에 돼지 똥을 잔뜩 퍼붓고
족장님께 혼이 날까 봐 도망쳐 왔어.
"지금쯤 웅이는 똥 냄새 때문에 잠도 못 자고 있겠지, 킥킥.
그러게 왜 나한테 덤벼?"
석검이는 한참을 히죽거리더니 이윽고 하늘을 찬찬히 살폈어.
"어? 저 별이 내 머리 위로 옮겨 왔네?
내일부터는 해가 길어지겠어. 족장님께 알려 드려야지."

석검이는 어렸지만 재주가 많고 영특했어.
해와 달, 별을 관찰하여 계절과 날씨의 변화를
짐작하고는 했지.
그러나 석검이도 도무지 알 수 없는 게 있었어.
"사람이 죽으면 별이 된다는데……,
엄마도 별이 되었을까?"
석검이의 엄마는 석검이를 낳자마자 돌아가셨어.
석검이는 얼굴도 모르는 엄마를 그리며
까무룩 잠이 들었지.

다음 날 아침, 잠에서 깬 석검이는 서둘러 마을로 내려왔어.
마을 사람들은 아침부터 무척 분주했어.
막이네는 움집의 지붕을 손질하고 돌을 갈아 농기구를 만들었어.
용우네는 가축에게 먹이를 주고, 철이네는 곡식을 수확했지.
석검이가 날씨의 변화를 예측한 덕분에
마을의 곡식 수확량은 전보다 배로 늘었어.
또 보리뿐 아니라 벼, 콩, 밀, 기장까지 재배했지.

몇몇 사람들은 마을 한가운데에 놓인 가마에서 구운
민무늬 토기를 꺼내 손잡이를 달았어.
토기에 손잡이를 달자고 제안한 사람도 석검이였지.
"양쪽에 둥근 손잡이를 달면 그릇을 들 때 편리할 거예요."
"오호, 정말 좋은 생각이로구나!"
석검이의 말에 마을 사람들이 모두 고개를 끄덕였어.

"석검이 이 녀석!"

석검이는 망루*에서 마을 주변을 살피던 족장님과 눈이 딱 마주쳤어.

족장님은 근엄한 표정으로 망루에서 내려왔어.

족장님의 목에 걸린 청동 거울이 신비롭게 빛났어.

손에 든 청동 방울은 걸을 때마다 영롱한 소리를 냈지.

청동은 무척 귀해서 족장이나 부족의 높은 사람 몇몇만 지녔어.

족장님이 지나가자 모두들 고개를 숙였단다.

망루 주변을 살피기 위해 높이 지은 다락집.

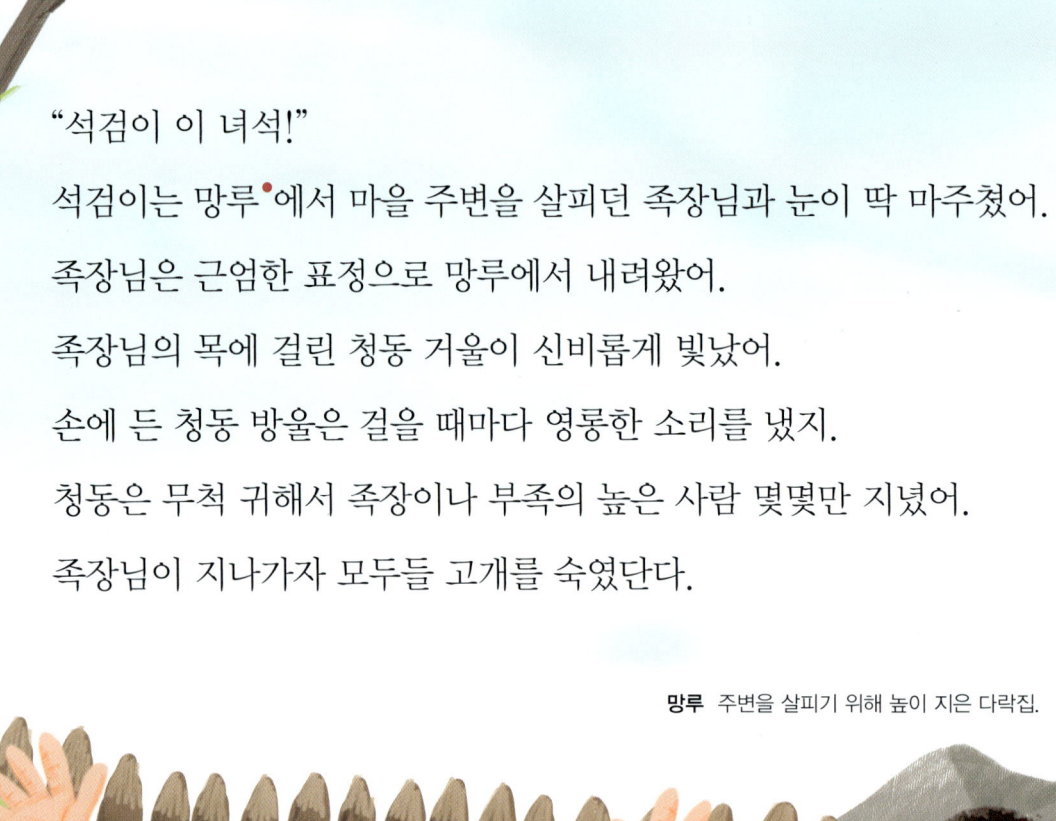

"마을 사람들은 열심히 일하는데 너는 어째서 놀고 있느냐?"

족장님은 석검이에게 호통을 쳤어.

"제 몫은 이미 다 한걸요."

석검이의 말에 족장님의 얼굴이 붉으락푸르락해졌어.

"어허, 마을의 일원이 되려면 누구든 땀 흘려 일해야 한다! 당장 울타리 작업장으로 가서 거들어라."

석검이는 고개를 끄덕이며 작업장으로 걸음을 옮겼어.

저만치에서 웅이가 석검이를 향해 눈을 부라렸어.

'휴, 그래도 웅이 녀석이 족장님에게 돼지 똥 사건을 일러바치지는 않은 모양이군.'

석검이는 울타리 작업장으로 갔어.
사람들이 낡고 썩은 울타리를 걷고 새 울타리를 치고 있었어.
적의 침입을 막기 위해 울타리 주변에 도랑도 팠지.
"저 녀석! 어제도 말썽을 부렸다며?"
"족장님이 감싸고 도니까 저러지."

또래들이 구시렁거리는 소리가 귀에 거슬렸지만

석검이는 잠자코 울타리만 쳤어.

또 싸움질을 하면 자신을 돌봐 주시는 족장님께 폐가 되니까.

석검이는 족장님을 봐서라도 열심히 일해야겠다고 마음먹었어.

오늘은 태양신에게 제사를 지내는 날이야.
석검이네 마을은 일 년에 한 번, 마을의 가장 큰 고인돌 앞에서
평화와 풍년을 기원하는 제사를 지내.
제사장이기도 한 족장님이 왼손에는 청동 검,
오른손에는 청동 방울을 들고 하늘을 향해 외쳤어.
"하늘이시여! 이 땅을 돌보아 주소서.
이 마을을 돌보아 주소서."
청동 검이 빛을 받아 신비롭게 반짝였어.
석검이는 청동 검을 바라보며 감탄했어.
'딱 한 번만 저 청동 검을 만져 봤으면……'
그때였어.
"으윽."
갑자기 족장님이 쓰러졌어.
깜짝 놀란 석검이가 족장님에게 달려갔어.

쓰러진 족장님은 다시 일어나지 못했어.
그날 밤, 석검이는 슬픈 표정으로 나를 찾아왔어.
하늘엔 처음 보는 별 하나가 유난히 반짝였어.
석검이는 하염없이 눈물을 흘렸어.
"족장님도 별이 되신 거지요?"
그때 물기를 머금은 별 하나가
석검이의 물음에 대답하듯 반짝 빛났어.
"늘 말썽만 부려서 죄송해요. 제가 잘못했어요.
앞으로는 마을을 위해 열심히 일할게요."

다음 날, 마을의 사내들이 구당 노인의 집 앞에 모두 모였어.
"오늘부터 족장님의 고인돌을 만들어야 하오."
"예!"
마을에서 가장 나이 많은 구당 노인의 말에
남자들이 우렁찬 목소리로 대답했어.
그리고 모두들 도구를 챙겨 마을 뒷산으로 향했지.
뒷산에는 커다란 바윗돌이 아주 많았거든.

"이 바윗돌이 좋겠어요."

석검이는 뒷산에 도착하자마자 바위 하나를 가리켰어.

"결이 고르고 단단해서 안성맞춤이에요."

석검이는 뒷산이라면 눈을 감고도

그릴 수 있을 만큼 빠삭했어.

"하지만 바위가 너무 커서 옮기기 힘들 것 같은데."
"좋은 방법이 있어요."
"좋은 방법이라니? 돌을 쪼개기라도 하겠다는 말이냐?"
"나무에 결이 있듯 바위에도 결이 있어요. 이 바위의 결에 난 작은 틈에 나무 말뚝을 박고 물을 뿌려 놓으면, 나무가 물에 불어나 바위가 쪼개질 거예요."
"정말 그렇게 될까?"
사람들이 고개를 갸우뚱했어.
"석검이는 똑똑하니까 한번 믿어 봐요."
웅이가 석검이의 편을 들었어.

다음 날, 사람들은 깜짝 놀랐어.
"정말 바위에 금이 갔어!"
석검이의 말대로 나무 말뚝이 불어나면서
바위가 갈라지기 시작한 거야.
"거대한 바윗돌이 이렇듯 순식간에 갈라지다니!"
"이제 더 큰 나무 말뚝을 박아 둬요.
그러면 내일쯤 바위가 완전히 쪼개질 거예요."
마을 사람들은 석검이의 지시에 따랐어.

석검이가 지혜를 발휘한 덕분에 단 이틀 만에 바윗돌을 쪼갰어.

이제 마을 입구까지 바위를 옮겨야 했지.

마을 사람들은 통나무를 여러 개 깔고

그 위에 바위를 올린 다음 줄로 꽁꽁 묶었어.

이렇게 하면 통나무가 바퀴 역할을 해서 쉽게 옮길 수 있었지.

"영차! 영차!"
석검이는 누구보다 힘차게 바위를 끌었어.
모두들 땀을 뻘뻘 흘렸지만 불평 한마디 없었어.
모두 힘을 합쳐 한 걸음, 한 걸음 차근차근 나아갔지.
한 사람이 노래를 부르자, 모두 따라 불렀어.
그렇게 몇 날 며칠 애를 써서 바윗돌을 무사히 마을로 옮겼단다.

마을에 남아 있던 사람들은 고인돌을 세울 자리에
적당한 간격을 두고 구덩이 두 개를 팠어.
그리고 각 구덩이에 굄돌로 쓸 바윗돌을 단단히 묻었지.
"자, 이제 덮개돌만 덮으면 되겠어."
그때였어.
"어, 굄돌의 높이가 다르잖아?"

과연 굄돌의 높이가 서로 달랐어.

하나는 높고 하나는 낮았지.

"큰일이야. 이 상태로 덮개돌을 올렸다가는 한쪽으로 기울어 와르르 무너지고 말 거야."

"크기가 비슷한 돌을 다시 캐 와야 해."

"뭐? 처음부터 새로 하자고? 난 그렇게 못 해."

"못 하다니? 덮개돌이 무너지면 어차피 새로 만들어야 한다고!"

마을 사람들은 서로 옥신각신하다가
결국 의견을 좁히지 못한 채 각자 집으로 돌아갔어.
석검이는 고민에 빠졌어.
"더 이상 족장님의 장례를 미룰 수 없어…….
방법을 찾아야 해."
석검이는 높이가 다른 굄돌과 아직 올리지 못한 덮개돌을
번갈아 바라보다가 번뜩 좋은 생각을 떠올렸어.
"그래! 그러면 되겠어!"

다음 날, 마을 남자들이 다시 모였어.
고인돌을 처음부터 다시 만들어야 한다는 생각에
모두들 표정이 어두웠지.
"제게 좋은 생각이 있어요."
석검이가 말했어.
"해결책을 찾은 것이냐?"

"이 덮개돌 아랫면을 보세요. 양쪽 모양이 서로 달라요.
여기, 더 불룩한 쪽을 낮은 굄돌 위에 올리고
반대쪽을 높은 굄돌 위에 올리면 균형이 맞을 거예요!"
"오호! 그러면 되겠구나!"
"대단해! 어찌 그런 생각을 해냈느냐?"
모두들 석검이의 지혜에 탄성을 자아냈어.

사람들이 다시 일을 시작했어.
두 개의 굄돌 주위에 동산처럼 흙을 높이 쌓고,
쌓은 흙 위로 덮개돌을 올렸어.
그런 다음 쌓은 흙을 걷어 냈지.
"드디어 고인돌을 완성했다!"

"족장님을 편히 모실 수 있게 되었어!"
완성된 고인돌을 보자 모두들
피로가 싹 가시는 듯했어.
석검이도 가슴이 벅차올랐어.
'마침내 우리 힘으로 족장님의 무덤을 만들었어.'

곧 장례식이 시작되었어.
무덤방 안에 족장님의 시신을 눕히고,
청동 거울과 청동 방울, 토기 등을 함께 넣었지.
"족장님, 하늘 나라에서 편히 쉬세요."
석검이는 마음속으로 족장님의 명복을 빌었어.
막음돌을 세우는 것으로 장례식이 끝났어.

명복 죽은 뒤 저승에서 받는 복.

구당 노인이 돌함에서
청동 검을 꺼내 들었어.
"족장님이 이 청동 검을 다음 족장에게 물려주라고 하셨소.
이제 마을을 다스릴 새로운 족장을 뽑아야 하오."

곧 회의가 열렸어. 웅이가 나서서 말했어.
"저는 새로운 족장으로 석검이를 추천합니다."
"석검이를?"

"저도 추천해요. 석검이는 비록 어리지만
우리 중에 가장 현명하고 지혜로우니까요."
마을 사람들이 너도나도 고개를 끄덕였어.

석검이는 얼떨떨한 표정으로 아무 말도 하지 못했어.

구당 노인은 청동 검이 든 돌함을 석검이 앞으로 가져왔어.

"저는 족장이 될 자격이 없습니다."

석검이는 한 발짝 뒤로 물러났어.

"우리 모두가 자네를 족장으로 선택했네. 이 검을 들게."

머뭇거리던 석검이가 결심한 듯 조심스레 청동 검을 집어 들었어.

검에는 족장님의 따스한 체온이 남아 있는 듯했지.

그때였어.
청동 검에서 갑자기 환한 빛이 쏟아져 나왔어.
"만세! 만세! 하늘이 내린 족장님이다!"
"위대한 족장님 만세!"
빛은 널리 널리 퍼져서 하늘 끝까지 올라갔단다.

족장이 된 석검이는 마을을 정비했어.
논으로 냇물을 끌어오기 위해
도랑을 파고, 갖가지 곡식을 심어
마을의 토양에 알맞은 곡식을 골라냈어.
전보다 농사가 잘되자, 근처의 작은 부족들에서
마을의 일원으로 받아 달라고 찾아왔어.
석검이는 그들을 모두 받아 주었어.
대신 모두가 너나없이 함께 일하도록 했지.
"한 사람도 빠짐없이 마을을 위해 열심히 일해야 합니다."

마을이 커지자 다른 부족들이 자주 침략했어.
울타리와 도랑만으로는 마을을 지키기 힘들었지.
"흙을 다져서 토성을 짓고, 산 바로 아래에 돌담을 쌓아
적의 침입에 대비합시다."
석검이는 단단한 화살촉과 날카로운 돌칼 등
무기도 충분히 확보했어.
또 농사일이 없을 때는 마을의 남자들을 훈련시켰어.

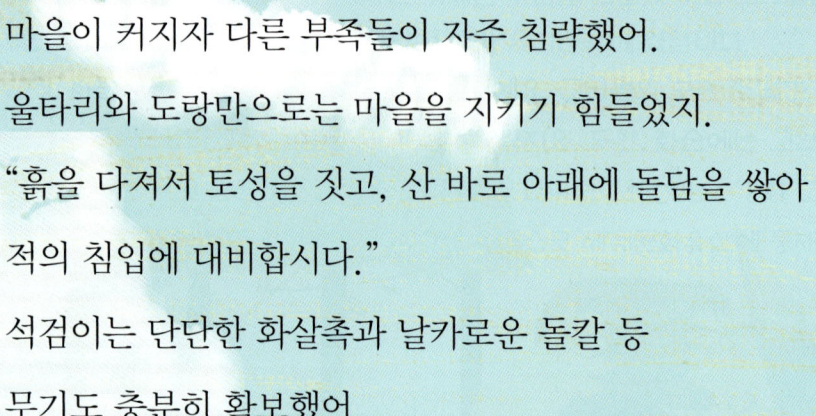

석검이는 힘들 때나 어려운 선택을 해야 할 때면 나를 찾아왔어.
내 위에 누워 하늘의 별을 올려다보며 생각에 잠기곤 했지.
그때마다 나는 말없이 석검이를 어루만져 주었어.

어느 날, 이웃 부족이 석검이네 마을로 쳐들어왔어.
"모두 나서라! 힘을 합쳐 적을 물리치자!"
석검이의 지휘 아래, 모두들 용감하게 싸워 이겼어.
이웃 부족의 땅과 곡식, 무기까지 얻자 마을은 더욱 번영했어.

이후에도 여러 차례 전쟁을 치렀지만
석검이의 활약으로 마을은 늘 승리를 거두었어.
마을 사람들은 모두 석검이를 존경했지.

세월이 흘러 석검이도 노인이 되었어.
검었던 머리카락이 하얗게 세고 얼굴은 주름살로 뒤덮였지.
석검이는 오늘도 잊지 않고 나를 찾아왔어.
밤하늘에는 은하수가 펼쳐져 있었어.
"참 오랜 시간이 흘렀구나. 나도 곧 저 하늘의 별이 되겠지."
횃불을 밝힌 마을은 석검이가 어릴 적 살던 때보다
규모가 훨씬 커졌어.

그때 하늘에서 별똥별 하나가 떨어졌어.
"나의 청동 검을 물려받을 현명한 지도자가 곧 나타날 거야…….
그리고 새로운 시대가 열리겠지."

얼마 후, 석검이는 마을 사람들이 지켜보는 가운데 숨을 거두었어.
모두 석검이의 죽음을 슬퍼했지. 그때 눈이 맑은 한 청년이 말했어.
"슬퍼하고만 있을 때가 아닙니다.
위대한 석검 족장님을 위해 고인돌을 만들어야 합니다.
이제까지 세운 고인돌 중 가장 크고 훌륭하게 만듭시다."
"좋은 생각이오!"
모두들 찬성했어.

"석검 족장님이 아끼던 뒷산의 너른 바윗돌로 만들면 어떨까요?"
"좋소! 오늘부터 당장 시작합시다!"
그렇게 만들어진 고인돌이 바로 나란다.
나는 석검이의 고인돌이 되어 무척 행복했어.

그 후 강화도가 역사의 소용돌이에 휘말려
때론 불바다가 되고, 때론 승리의 기쁨으로
넘쳐 나는 것을 나는 묵묵히 지켜보았어.
그러면서 청동기 시대 사람들이 그랬듯
하늘을 우러러보며 기도했단다.
이 땅에 평화를 달라고 말이야.

아주 재미있는 사실을 하나 알려 줄까?
오랫동안 사람들은 내가 누군가의 무덤인 줄 전혀 몰랐어.
고려 시대의 문인 이규보는 고인돌을 보고
옛 성인이 고여 놓은 것이라 말했고,
구한말 우리나라에 온 서양인들은
임진왜란 때 일본이 조선의 기운을 누르기 위해
만들었다고 기록했어.

또 어떤 사람들은 나를 제단이라고 여겨
내 앞에서 제사를 지내기도 했단다.
1927년, 대구 대봉동 고인돌을 발굴한 뒤 조사하면서
고인돌이 무덤이라는 사실을 알아냈어.
2000년에는 그 가치를 인정받아
유네스코 세계문화유산에
등재되었지.

긴 이야기를 마치자 아이가 눈을 반짝이며 물었어.
"내가 그렇게 훌륭한 석검 족장님을 닮았다고요?"
"그렇단다. 그러니까 밝고 씩씩하게 지내렴."
그때 한 무리의 아이들이 왁자지껄 웃으며 지나갔어.
아이는 친구들 쪽으로 뛰어가며 말했어.

"얘들아, 내가 재미난 고인돌 이야기를 들려줄까?"
아마 저 아이는 친구들에게 처음으로
먼저 말을 걸었을 거야.
아이는 잠시 멈춰 서서 나를 돌아보더니
힘차게 손을 흔들었어.
나도 아이에게 잘 가라고 인사했지.
어디선가 따스한 바람이 불어와 나를 스치고 지나갔어.
곧 여름이 오겠구나. 낮잠을 자기에 아주 좋은 날씨야.
이제 내 친구 석검이를 생각하며 한숨 푹 자야겠어.

고인돌이 들려주는 청동기 시대 이야기

청동기 시대는 신석기 시대가 끝날 무렵 구리를 발견하면서 시작되었어요. 이때부터 사람들이 마을을 이루어 살며 다양한 곡물을 심고, 가축을 길렀지요. 뿐만 아니라 청동으로 도구를 만들고 커다란 고인돌을 세웠답니다. 청동기 시대 사람들이 어떻게 생활했는지 더 자세히 알아볼까요?

청동기 시대 사람들은 어떻게 생활했나요?

선사 시대는 구석기 시대, 신석기 시대, 청동기 시대로 나뉘어요. 구석기 시대에는 돌을 떼어서 만든 뗀석기를, 신석기 시대에는 돌을 갈아서 만든 간석기를 사용했어요. 그러다가 청동기 시대에 이르러 돌과 함께 '청동'이라는 금속을 만들어 썼지요. 청동은 땅에서 구리를 채취하여 녹인 다음 주석이나 아연을 섞은 것이에요. 구리와 주석, 아연 같은 재료가 귀해서 부족장 등 힘 있는 사람들만 무기나 장신구로 만들어 쓰고, 일반 부족민들은 여전히 간석기를 사용했어요.

청동기 시대에는 농사법도 더욱 발전했어요. 보리, 콩, 조 등 여러 곡식을 재배하고, 논에 물을 끌어와 농사짓는 방법도 생각해 냈어요. 그로 인해 수확량이 크게 늘었지요.

사람들은 농사를 짓기에 더 알맞은 강가에 부족을 이루어 살았어요. 신석기 시대와 비슷하게 움집을 지어 살았지만 마을 안에

춘천시 서면 신매리에서 발굴된 청동기 시대의 집터. 집터가 한곳에 모여 있는 것으로 보아 사람들이 마을을 이루어 모여 살았음을 알 수 있어요.

청동기 시대 움집을 복원한 모습. 청동기 시대 움집은 대부분 바닥이 사각형이고, 화덕은 벽에 붙어 있어요.

토기와 농기구를 만드는 공방을 갖추고, 돼지와 소 등 가축을 기르는 우리도 지었어요. 원래 산짐승이었던 돼지와 소를 가축으로 길들여 키우기 시작했지요. 마을 주변에 울타리를 치고 도랑을 파서 다른 부족의 침입을 막고, 이웃 부족을 정복하여 마을의 규모를 키우기도 했어요. 또한 마을의 번영과 풍년을 기원하면서 하늘에 제사를 지냈답니다.

왜 청동기 시대에 계급이 생겼나요?

신석기 시대까지는 모두 계급 없이 평등했어요. 그런데 청동기 시대에 접어들어 농사가 발달하여 인구가 늘고, 마을의 규모도 점점 커지자 마을을 이끄는 지도자가 필요해졌어요. 게다가 부족 간에 크고 작은 전쟁이 일어나면서 지도자를 중심으로 강하게 뭉쳐야 했지요. 이 때문에 가장 힘센 사람이 부족의 우두머리인 족장이 되어 마을을 이끌었어요.

족장은 마을을 다스리는 지도자이면서 마을의 제사를 이끄는 제사장이었어요. 청동으로 만든 거울과 방울, 청동 검 등 귀한 도구를 지니고 다녔지요. 또한 죽은 뒤 거대하고 웅장한 고인돌에 묻혔답니다.

청동 창(왼쪽)과 돌 화살촉(오른쪽). 계급이 높은 사람들은 청동 무기를 사용하고 일반 부족민들은 돌을 갈아 만든 무기를 사용했어요.

우리나라 최초의 국가 '고조선'

고조선은 기원전 2333년, 청동기 시대에 세워진 나라로 전해지고 있어요. 오늘날의 중국 랴오닝 지역과 한반도 서북 지역의 여러 부족들이 힘을 합쳐 세웠지요. 고조선을 세운 사람은 단군왕검으로, 단군은 제사를 지내는 사람, 왕검은 나라를 다스리는 사람을 뜻해요. 나라의 지도자와 제사장이 같은 사람이었음을 알 수 있지요.

고조선에는 8조법이라는 여덟 개의 법이 있었어요. 지금은 이 중 세 개의 조항이 전해지는데, '남을 죽인 사람은 사형에 처한다', '남을 때려 다치게 한 사람은 곡식으로 보상한다', '남의 물건을 훔친 사람은 그 물건 주인의 노예가 되어야 한다. 만약 풀려나려면 50만 전을 내야 한다.' 예요. 살인자를 사형에 처한 것으로 보아 생명을 귀하게 여겼고, 곡식으로 보상한다는 내용으로 농사를 지었다는 것을 알 수 있어요. 또 도둑질을 한 사람을 노예로 만든다는 내용은 고조선에 계급이 있었음을 보여 줘요. 돈을 내야 한다는 것으로 보아 화폐가 있었다는 것도 짐작할 수 있지요.

단군왕검은 홍익인간이라는 이념*을 바탕으로 나라를 다스렸어요. 홍익인간은 널리 사람을 이롭게 한다는 뜻이에요.

고조선은 기원전 109년 한나라의 침입에 맞서 싸워 이겼어요. 그러나 한나라가 다시 쳐들어오자 내부에서 다툼이 일어났지요. 결국 기원전 108년 무렵 한나라에 항복하면서 멸망하고 말았어요.

이념 이상적인 것으로 여겨지는 생각이나 견해.

강화군 화도면 마니산에 있는 참성단. 단군왕검이 제사를 지낸 곳으로 알려져 있어요.

고인돌은 무엇인가요?

마을의 족장이 죽으면 부족의 모든 사람들이 힘을 합쳐 족장의 무덤을 만들었어요. 이 무덤을 '고인돌'이라고 해요. 고인돌은 '괴어 놓은 돌'이라는 뜻이지요.

큰 고인돌을 만드는 데는 수십 명에서 수백 명까지 필요했어요. 죽은 사람의 지위가 높으면 높을수록 고인돌의 규모도 컸지요. 그리고 마을에 큰 고인돌이 있다는 것은 그 마을의 힘이 그만큼 세다는 것을 의미했어요. 다시 말해서 고인돌의 크기와 개수로 그 마을의 힘이 어느 정도인지 가늠할 수 있었지요.

고인돌 안에는 시신과 함께 죽은 사람이 생전에 썼던 청동 검, 청동 방울, 토기 같은 물건을 묻었어요. 이것을 '껴묻거리'라고 하는데, 죽어서도 살았을 때와 같은 지위를 누리길 바라는 마음에서 넣은 것이지요.

고인돌은 제사를 지내는 제단으로도 사용되었어요. 고인돌에 제사상을 차려 풍년과 마을의 평화를 빌었지요. 고인돌의 모양은 지역마다 다른데, 크게 탁자식, 바둑판식, 개석식으로 나뉘어요.

고창 죽림리 지석묘.

탁자식 고인돌
우리가 흔히 알고 있는 고인돌의 모양이에요. 받침돌을 세운 뒤 그 위에 두껍고 납작한 덮개돌을 올렸어요. 오늘날 남아 있는 고인돌의 받침돌은 대부분 두 개뿐이에요. 오랜 세월이 흐르면서 두 개의 막음돌이 사라진 것으로 짐작해요.

화순 벽송리 지석묘.

바둑판식 고인돌
고인돌의 모양이 바둑판과 비슷해요. 무덤방을 땅속에 만들고 작은 받침돌을 여러 개 놓은 뒤 그 위에 커다란 덮개돌을 올렸어요. 주로 남쪽 지방에서 많이 발견돼요.

충주 신청리 지석묘.

개석식 고인돌
평범한 바위처럼 보이지만 고인돌이에요. 한반도에 가장 많이 분포해 있지요. 땅을 깊게 파서 무덤방을 만들고 받침돌 없이 커다란 덮개돌만 올렸어요.

고인돌은 어떻게 만드나요?

❶ 고인돌로 만들기에 적당한 바위를 찾아 나무 말뚝을 박아요.

❷ 나무 말뚝이 부풀 때까지 물을 부어 바위가 갈라지면 적당한 크기로 쪼개요.

❸ 통나무를 이용해 바위를 옮겨요.

❹ 땅을 파서 굄돌을 묻어요.

❺ 굄돌 주변에 흙을 쌓고 덮개돌을 올려요.

❻ 쌓았던 흙을 파내요.

❼ 시신과 껴묻거리를 묻고 막음돌로 막아요.

유네스코 세계문화유산에 등재된 고인돌 유적

우리나라는 고인돌이 워낙 많고 유적이 잘 보존되어 있어서 '고인돌 왕국'으로 불려요. 그 중에서도 유네스코 세계문화유산에 등재된 고창, 화순, 강화 고인돌 유적이 대표적이에요.

고창 죽림리 지석묘군.

고창 고인돌 유적
전라북도 고창 아산면 죽림리 매산마을을 중심으로 1.5킬로미터 반경에 약 440개의 고인돌이 모여 있어요. 기원전 400~500년 무렵에 만들어진 무덤으로, 그 모양이 다양하지요. 고창에서는 매년 가을 고창 모양성제 기간에 고인돌 축제도 열려요.

화순 대신리 지석묘군.

화순 고인돌 유적
전라남도 화순군 효산리 모산마을에서 대신리로 넘어가는 계곡에 바둑판식 고인돌 596개가 있어요. 무게가 280여 톤이나 되는 거대한 고인돌도 있지요. 특히 놀라운 것은 돌을 캐고 옮겼던 채석장이 남아 있다는 거예요. 채석장에서 나온 목탄을 분석한 결과 2500년 전에 만든 고인돌로 밝혀졌어요.

강화 부근리 지석묘.

강화 고인돌 유적
우리나라에서 발견된 탁자식 고인돌 중 가장 규모가 큰 강화 부근리 지석묘가 있어요. 강화 부근리 지석묘의 전체 높이는 2.6미터, 덮개돌의 길이는 6.5미터이지요. 근처 고인돌에서 토기 조각, 간 돌검, 가락바퀴 같은 유물이 나온 것으로 보아 이 고인돌에도 비슷한 유물이 묻혀 있을 것으로 예상해요.

청동기 시대의 유물에 대해 살펴봐요!

청동기 시대 사람들은 청동으로 다양한 도구를 만들었어요. 이 도구들은 주로 부족의 우두머리가 제사를 지내거나 전쟁을 할 때 사용했지요. 또한 토기와 농기구는 신석기 시대보다 더욱 발달했답니다.

청동 거울
하늘에 제사를 지낼 때 사용했던 제사 도구예요. 마을의 족장이 지니고 다녔어요.

반달 돌칼
곡물의 낟알을 거두어들이는 데 썼던 농사 도구예요. 반달 모양으로 생겨서 반달 돌칼이라는 이름이 붙었지요. 구멍을 두 개 뚫어서 끈을 꿰고, 끈 사이로 손가락을 집어넣어 사용했어요.

청동 방울
청동 거울과 마찬가지로 제사를 지낼 때 사용했던 도구예요.

비파형 동검
족장들이 전쟁 때 사용했던 청동 무기예요. 악기 중 하나인 '비파'를 닮아서 붙여진 이름인데, 중국 요령 지방에서 많이 발견되어 '요령식 동검'이라고도 불러요.

민무늬 토기
무늬가 없는 토기로, 곡식을 저장하거나 요리를 할 때 썼어요. 바닥이 납작해서 땅에 세워 놓을 수 있었어요.

농경문 청동기
농사짓는 그림이 새겨져 있어요. 마을의 풍년을 기원하는 제사를 지낼 때 끈을 매달아 사용했을 것으로 짐작해요.

| 작가의 말 |

듬직한 고인돌이 있던 청동기 시대로 떠나요!

강화도에 둘째 큰아버지가 살고 계셔서 가족이 함께 놀러 간 적이 있었어요. 강화도는 서울과 가까우면서 바다에 인접해 있어 볼거리가 많고, 청동기 시대부터 고려, 조선, 근대에 이르기까지 다양한 역사의 흔적이 잘 보존된 고장이에요. 섬 전체가 하나의 문화재라고 해도 지나치지 않을 정도이지요.

많은 유적지들 중에서 가장 먼저 고인돌 유적지를 찾았어요. 유네스코 세계문화유산에까지 등재된 자랑스러운 문화재를 실제로 보고 싶었거든요. 그 중 가장 눈에 띄었던 것은 뭐니 뭐니 해도 강화 부근리 지석묘였어요. 거대한 돌의 크기와 더불어 굄돌 위에 뚜껑돌이 얹어진 모양이 굉장히 인상 깊었지요. 수천 년 전, 마땅한 도구도 없던 시절에 어떻게 저 커다란 돌을 옮겼을까? 그리고 저 큰 돌을 어떻게 다른 돌 위에 얹었을까? 이 거대한 고인돌의 주인은 누구일까? 신기하고 놀라우면서 한편으로 갖가지 궁금증이 꼬리에 꼬리를 물었어요.

그때 고인돌이 내게 말을 걸어왔어요. 아득한 옛날 청동기 시대 사람들의 이야기를 들려주겠다면서요. 농사를 짓고, 가축을 기르고, 죽은 사람의 명복을 빌기 위해 거대한 바위 무덤까지 만들었던 지혜로운 사람들의 이야기

를 전해 주고 싶다고 했지요. 나는 슬며시 눈을 감고 고인돌의 이야기에 귀 기울였어요. 그리고 고인돌의 멋진 친구 석검이를 만났답니다.

 청동기 시대 사람들은 고인돌을 단순히 죽은 이의 무덤으로만 생각하지 않았어요. 고인돌의 개수와 크기가 그 부족의 힘과 번성을 의미했기에 부족의 상징처럼 여겼을 거예요. 석검이가 뒷산의 커다란 바윗돌에 의지했듯이 마을 사람들도 고인돌에 의지하여 위안을 얻었으리라 생각해요.

 고인돌은 수천 년 동안 한자리에 우뚝 서서 우리의 유구한 역사를 지켜보았어요. 그러면서 우리 민족의 기쁨과 아픔, 슬픔을 함께하며 같이 웃고 같이 울지 않았을까요? 그런 생각을 하니 내 앞에 있는 고인돌이 든든하게 느껴졌어요. 고인돌을 만든 이름 모를 우리 조상들에게 고마운 마음도 들었답니다. 그들의 노력이 있었기에 우리가 문자도 없던 머나먼 시대의 역사를 헤아리고 그려 볼 수 있으니까요.

 햇볕 좋은 날, 가족과 함께 고인돌 유적지에 가 보면 어떨까요? 신비로운 고인돌이 여러분에게도 다정하게 말을 걸어올지 모르잖아요. 그때 깜짝 놀라지 않으려면 이 책을 읽어 보고 가는 것도 좋을 거예요!

강효미

"그렇게 만들어진 고인돌이 바로 나란다.
나는 석검이의 고인돌이 되어
무척 행복했어."

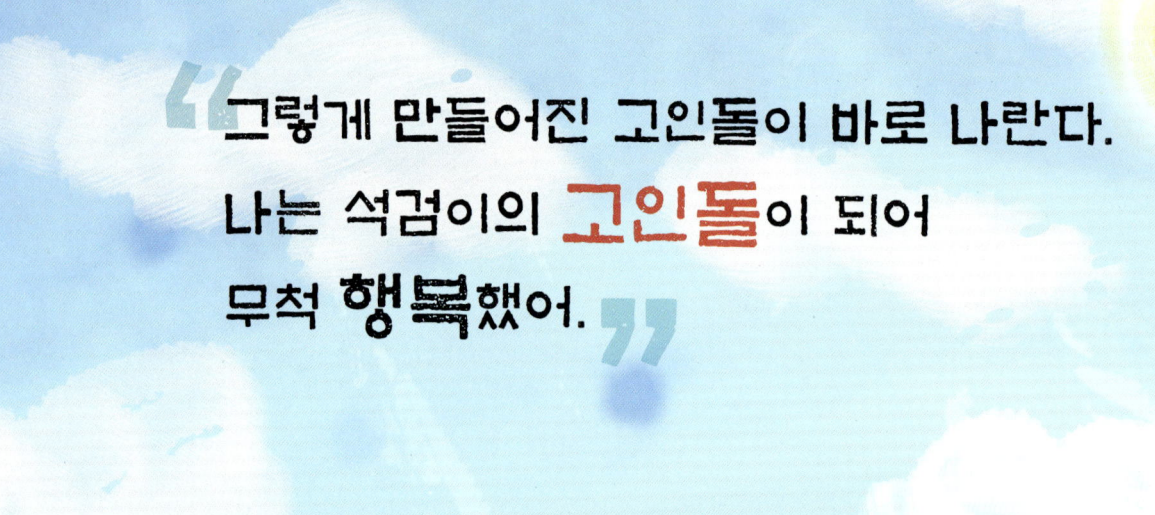